LETTRE

DE

M. D.-L. DE FIGARELLI

AVOCAT ET PROFESSEUR
CHEVALIER DE L'ORDRE DE LA LÉGION D'HONNEUR,

À

M. LE BATONNIER DES AVOCATS

PRÈS LA COUR ROYALE DE BASTIA.

BASTIA,
IMPRIMERIE FABIANI.

1846.

LETTRE

DE M. D.-L. DE FIGARELLI

Docteur en Droit, Avocat, Professeur de Philosophie au Collége Royal, Membre Secrétaire du Comité Supérieur et du Comité local d'Instruction primaire, Membre et Secrétaire-comptable de la Commission des Lettres de Bastia, Correspondant de la Société d'éducation élémentaire de Paris, Membre titulaire de l'Institut d'Afrique, Chevalier de la Légion d'honneur,

A

M. HORACE CARBUCCIA

Bâtonnier de l'Ordre des Avocats près la Cour Royal de Bastia, Membre du Conseil Municipal de cette ville.

MONSIEUR LE BATONNIER ET TRÈS-CHER AMI,

C'est avec un bien vif sentiment de plaisir que j'ai appris votre réélection à la présidence de l'Ordre. Je me réjouis avec mes confrères d'avoir ainsi rendu justice à votre zèle et à votre mérite. Je regrette d'avoir été absent de cette ville lors de la convocation des avocats et de n'avoir pu ajouter une voix de plus à l'unanimité qui, cette année, comme l'année dernière, vous a appelé à la tête de vos égaux. C'est toujours une belle et grande faveur d'être l'élu d'un Orde aussi nombreux que distingué, mais c'est une exception fort rare que de mériter, par acclamation, de demeurer deux fois de-suite *primus inter pares.*

Cette distinction, mon cher ami, sera inaccessible à la dent de l'envie et de la méchanceté, bien que, toutes les fois qu'un individu est l'objet d'une récompense honorifique, la première question que le public s'adresse, naturellement, est celle de savoir pourquoi l'a-t-il obtenue ? Qu'a-t-il fait pour s'en rendre digne ? — Chacun d'émettre alors son avis, les uns pour, les autres contre, et parfois il arrive, que des sentimens divers dénaturent tellement les choses, que l'homme le plus tranquille, le plus retiré est obligé d'intervenir, de céder aux conseils de ses amis, aux exigences de sa position, sinon pour défendre ses droits et son honneur, du moins pour rétablir la vérité des faits. — Ces sortes de questions doivent s'élever et s'élèvent plus en Corse que partout ailleurs, par la raison fort simple que la *population employée*, si je puis m'exprimer ainsi, paraît et disparaît à vue d'œil. On ne vient en Corse que pour faire son chemin, pour rentrer au plus vîte sur le continent, et ce renouvellement continuel fait qu'il est impossible, aux nouveaux chefs, aux fonctionnaires divers, aux collaborateurs, de savoir tout ce qui s'est passé avant eux. L'intriguant doit en faire son profit, tandis que l'employé modeste et laborieux restera souvent ignoré, et même inquiet du sort qui l'attend.

J'ai dû, mon cher Bâtonnier, subir les exigences de la curiosité générale lorsqu'il a plu au Roi, sur la proposition de M. le ministre de l'instruction publique, de me nommer chevalier de la légion d'honneur. On s'est demandé pourquoi, l'un des moins anciens fonctionnaires avait été décoré, et les investigations ont été poussées plus loin que de coutume. Le croiriez-vous? j'ai dû produire mes pièces.

Vous savez qu'en 1834, un illustre général, compagnon d'infortune du grand Empereur, M. le baron Lallemand, pair de France, commandait cette division militaire. La révolution de juillet, en établissant les élections municipales et celles de la garde nationale, avait reveillé bien des haines, fait naître des rivalités, remis les armes dans toutes les mains, de sorte que depuis quatre ans de cruelles et sanglantes inimitiés désolaient une ville entière et plusieurs communes des divers arrondissemens. Le général voulut payer une dette sacrée à la patrie de son bienfaiteur en pacifiant, s'il était possible, des ennemis si braves, mais si vindicatifs et si redoutables. Il me communiqua sa pensée et me pria de m'associer à cette œuvre philantropique. J'acceptai avec empressement une mission aussi difficile que sainte, et après avoir visité, quelquefois avec lui et souvent seul, tous les lieux en proie à la guerre intestine, je parvins à pacifier, sous le prestige du nom du général condamné à mort sous la Restauration pour sa fidélité à Napoléon, la ville de Sartene, les communes de Gavignano, Fozzano, Ste Lucie de Tallano, Olmeto, Ciamanaccie et autres. Des traités solennels, passés devant notaire, rédigés et lus par moi, jurés et signés dans les églises, sous l'invocation du Saint-Esprit et le Saint-Sacrement exposé, sanctionnèrent ces pacifications en présence de populations accourues, de tous les points, pour assister à ce grand acte de salut public. — Depuis plus d'un an j'étais en correspondance avec les chefs des différents partis pour les négociations à faire, les difficultés à vaincre, les sacrifices à s'imposer, et enfin, dès les premiers jours d'octobre jusqu'au 24 décembre, je parcourus à mes frais tous ces tristes endroits. — Cette *honorable campagne*, comme l'appelle dans sa lettre du 23 février 1835, le vénérable Proudhon, fit un bien immense à la Corse. Toutes les autorités s'en réjouirent ; la justice ne pût s'empêcher de louer notre dévouement dans une circonstance solennelle, la rentrée de 1834, et la religion de le sanctionner et de le bénir.

Voici en quels termes s'exprimait le chef du parquet de la Cour Royale, à l'audience du 4 novembre, après la paix de Gavignano :

« La Corse n'a plus ses *Parolanti* citoyens géné-
» reux dont le pieux dévouement est resté dans tous

« les souvenirs, qui parcouraient les villages désolés » par les inimitiés, et désarmaient souvent la fureur » des partis. Quelquefois, il est vrai, il se rencontre » des hommes, à l'ame noble et intrépide, que rien » ne décourage, qui prennent encore au sérieux les » malheurs du pays, et consacrent tout ce qu'ils » ont de force et d'énergie à y apporter remède. » C'est ainsi que nous avons vu naguère l'illustre » général que la Corse est fière de posséder, se trans- » porter lui-même dans la contrée de Gavignano » en feu depuis quatre ans, et par l'unique autorité » de sa parole, par la seule puissance de la raison, » ramener la paix et la confiance au sein d'une po- » pulation malheureuse, en proie à toutes les hor- » reurs des discordes civiles. Voilà du véritable » patriotisme..... La paix a ses lauriers comme la » guerre; ceux-là, du moins, ne sont pas teints du » sang du vaincu, et ne coûtent ni larmes, ni regrets » au vainqueur. Puissent de pareilles actions avoir » du retentissement et trouver surtout des imita- » teurs!.... Avocats, vous appartenez à l'élite de la » société; vous montrez chaque jour, dans l'exerci- » ce de votre profession du zèle et du talent. Faites » servir au bien public vos moyens puissants d'in- » fluence. Vous êtes en rapport de tous les jours, de » tous les instans, avec les habitans de l'intérieur; » dites leur, sans cesse, que toutes ces guerres do- » mestiques les ruinent et les consument, qu'on

» n'est heureux que par la paix, qu'on n'est fort » que par l'union : faites surtout pénétrer dans » toutes les convictions, à force de répéter que le » plus grand des crimes, aux yeux des lois divines » et humaines, c'est d'ôter la vie à son semblable. » On aime à trouver le nom de l'un de vos confrè- » res dans le traité de paix de Gavignano, à voir le » Barreau, dans sa personne, s'associer à de si nobles » actions. Il y a pour vous de la gloire, avocats, dans » une pareille conduite; votre profession étend son » champ d'honneur au delà de cette enceinte. Sui- » vez de tels exemples et vous aurez bien mérité de » vos concitoyens, et vous aurez défendu la cause » la plus belle de toutes, celle du pays. »

Et dans une note on lit :

« M. de Figarelli, avocat et docteur en droit, a » puissamment secondé, dans les traités de paix de » Gavignano, Sartene, Ste Lucie et Fozzano, M. le » général baron Lallemand qu'il a accompagné dans » ses différents voyages. »

(Discours imprimé de M. Sorbier 1er av. gen. f. f. de procureur gen.)

Monseigneur Casanelli d'Istria, évêque d'Ajaccio, en m'accusant reception d'un exemplaire imprimé des traités de paix que j'avais pris la liberté de lui adresser, m'écrivit une très gracieuse lettre, sous la date du 10 juin 1838, qui se termine ainsi : « Dieu » veuille raffermir pour toujours un bien qui inté-

» resse la religion et la société, et auquel vous avez » la gloire d'avoir coopéré puissamment le pre- » mier....

» Je vous prie d'agréer, M. l'avocat, l'expression » de mes sentimens très-distingués et très-affec- » tueux. »

» Signé : † X. T. Raphaël, Év. d'Ajaccio. »

Est-ce pour de pareils services que j'ai été décoré en 1846, plus de onze ans après? Non. — Quelle récompense ai-je obtenue pour une mission aussi longue que coûteuse, aussi pénible qu'honorable? La satisfaction de ma conscience ; le bonheur d'avoir conservé la vie à plus d'un père de famille, à cette belle jeunesse que l'inimitié décimait, et la douleur de voir mourir, peu de temps après, l'ami que les malheurs de la Corse m'avaient donné. Si j'en parle c'est parceque ces malheurs sont bien loin d'être éteints et que, si la paix règne encore à Gavignano, à Fozzano, à Olmeto, on me dit que Sartene est, peut être, sur un volcan, que Tallano n'est plus qu'une affreuse solitude, qu'à Arbellara la guerre civile y est horrible, et que, partout, avec le retour des armes, les crimes ont augmenté. — Ne pensez-vous pas, mon cher Bâtonnier, que l'autorité devrait faire son profit de cet article, inscrit dans tous les traités de paix de 1834, volontairement accepté et vivement sollicité par tous les partis comme la plus grande garantie du contrat qu'ils venaient de signer : « *La facilité avec laquelle on* » *a recours aux armes étant, le plus souvent, la* » *cause des désordres qui commencent les inimitiés,* » *et toujours celle qui les étendent et les perpétuent,* » *les habitans s'interdisent le port des armes dans* » *cette commune.* » (Art. 1er du traité de Gavignano, 4e de celui de Fozzano, 7e de celui de Sartene, etc.)

En votre qualité de membre du conseil municipal, vous n'ignorez pas non plus, mon cher Bâtonnier, qu'en 1835-1836 le collége communal de Bastia était en pleine décadence, que la ville ne voulait plus voter de fonds, que très-peu d'élèves fréquentaient les classes et que plus d'une de nos écoles primaires, même rurales, comptaient un plus grand nombre d'élèves que le collége. Cependant une noble et royale pensée songeait à doter la Corse d'un lycée. Vous l'avez recueillie cette généreuse pensée de la bouche même de l'Auguste Prince, si cruellement enlevé à notre amour et à notre reconnaissance, et alors tous les efforts de l'autorité académique et locale se sont portés à relever le personnel et les études d'un collége qui devait être érigé en collége royal dès qu'il en présenterait les élémens nécessaires. M. Dufilhol, recteur de l'académie, se rendit à Bastia, tint conseil avec les principaux fonctionnaires de la cité et tous réunis me demandèrent d'accepter une place de régent au collége. J'étais à vos côtés à l'audience de la première chambre de la cour royale lorsque M. Lota, alors maire, vint me faire les ouvertures du conseil et me pria de passer, avec lui, chez M. le recteur où se trouvaient M. le sous-préfet et M. le procureur général. Cédant aux prières de ces messieurs, ne consultant que mon amour pour le pays, je consentis à quitter une position indépendante, où, fort jeune encore, j'avais sû mériter l'estime des magistrats et l'attachement de mes confrères, pour devenir, moi, pourvu du grade le plus élevé dans l'Université, moi, en possession d'une clientèle honorable, régent d'un collége en ruine, l'inférieur de principaux, simples bacheliers ès-lettres, l'un ayant sans cesse des disputes avec les élèves et des procès avec les pères, l'autre, M. Thié...., retirant l'argent des fonctionnaires des mains de la commune et m'écrivant ensuite que ses besoins l'obligeaient à le garder. Il me doit encore aujourd'hui, ce qu'il ne paiera jamais, 240 francs ! — Je fus chargé à la fois de trois cours : Droit commercial, Philosophie, Langue Française. Tout le collége suivait mes leçons; le nombre des élèves augmenta; mais ma santé éprouva de cruelles atteintes. On songea à me dispenser du cours, non obligé, de Droit commercial, et en 1839-40 je ne fus plus chargé que de la classe de philosophie. C'est cette classe que l'Université a bien voulu continuer à me confier au Collége Royal où j'ai fait aussi, pendant une année, *gratuitement*, le cours supplémentaire de Rhétorique et de Philosophie, qu'on appelle plus communément *Cours préparatoire*. J'oubliais de vous dire qu'à l'ouverture de l'année scolaire 1842-43, celle qui a précédé l'installation du Collége Royal, j'avais été chargé provisoirement de l'administration du Collége Communal, devenu Collége de plein exercice, et que dans cette circonstance j'avais reçu de M. le recteur, à la date du 31 octobre 1842 une lettre, portant le N° 257, ainsi conçue : « Je » m'empresse de vous prévenir que M. le ministre » de l'instruction publique a, par décision en date » du 25 octobre courant, approuvé l'arrêté par le- » quel je vous ai confié la direction du Collége de » Bastia à dater du départ de M. Ubertin jusqu'au » jour de l'arrivée de son successeur.

» A cette occasion je me fais un plaisir de vous » témoigner toute ma satisfaction pour le zèle avec » lequel vous avez rempli les fonctions temporaires » de principal et dont j'ai rendu compte à M. le » ministre en faisant votre éloge. —»

Est-ce aux fonctions de professeur exercées depuis dix ans et dans les conditions que je viens de retracer que je suis redevable de la croix d'honneur? Ces services, s'ils ont été relevés, ont pu sans doute y contribuer, mais la négative résulte ; 1° de la lettre de M. recteur Huart, en date du 19 août dernier qui dit expressément : « Ce n'est point à titre de » fonctionnaire au collége de Bastia..... qu'u- » ne distinction honorifique était demandée pour » vous. » — 2° De la lettre de M. le général baron Juchereau de St Denis, écrite le 18 du même mois, après avoir pris des renseignemens au ministère, et qui porte : « Ce n'est pas comme professeur de philosophie qu'on a jugé convenable de vous proposer pour la décoration de la légion d'honneur. »

J'arrive, mon cher confrère, aux titres qui m'ont valu cette honorable récompense.

Par arrêté de M. votre oncle, le docteur Santini recteur de l'administration académique de la Corse, en date du 11 décembre 1830, approuvé par M. le ministre de l'instruction publique, je fus nommé membre du comité d'instruction primaire de l'arrondissement de Bastia, qui comptait alors et qui compte encore aujourd'hui, dans son sein, MM. Lusinchi, Fabrizi, Stefanini, Benigni, Biguglia et Buttafoco, non compris les autres membres d'une date plus récente. Le comité me choisit pour remplir les fonctions de secrétaire et me désigna pour son délégué à l'effet d'inspecter les écoles du ressort. J'ai visité et organisé toutes les écoles de l'arrondissement, donné à mes frais des prix aux élèves, encouragé les maîtres, examiné les instituteurs provisoires, installé les instituteurs définitifs, exécuté les ordres du gouvernement au point que M. le recteur

Dufilhol m'écrivait, le 15 novembre 1834, « Je vois » avec plaisir que les opérations du comité sont » conduites avec zèle, sagesse et connaissance par- » faite des lois et des intentions du gouvernement. » Avec de pareils collaborateurs il ne me restera » pas grand'chose à faire. Votre beau travail (la » statistique) a été admiré à la préfecture. En véri- » té je n'ai qu'à vous dire faites pour le mieux. Je » m'en remets à votre activité, à votre amour du » pays et à votre entente de l'instruction primaire. » Organisez, constituez et ne me laissez rien à faire » si ce n'est qu'à vous applaudir. Je donnerai tou- » tes les autorisations que vous demanderez. »

Onze ans plus tard, c'est-à-dire le 20 décembre 1845, M. Cerati inspecteur des écoles primaires du département m'écrivait en ces termes : « Je suis » dans votre arrondissement depuis le 11 du cou- » rant, et déjà j'ai eu l'honneur de transmettre » deux feuilles toutes pleines de notes sur les écoles » que j'ai visitées. — Je m'imagine que M. le sous- » préfet vous les fait passer immédiatement, après » en avoir pris connaissance lui-même. Car il sait » bien comme tout votre arrondissement et l'aca- » démie qu'il n'y a que vous à Bastia qui vous oc- » cupiez avez zèle de l'instruction primaire. — Je » vous prie de mettre à l'avenir le même soin que » vous avez mis jusqu'ici à la bonne dirction de » nos écoles. S'il se fait quelque bien c'est à vous

» qu'on le doit. Si vous cessez d'agir l'enseignement » primaire cessera de prospérer. »

M. Baric, que vous avez connu, lisant un jour diverses délibérations sur le registre du comité, me demanda quels émolumens je recevais pour ce travail. Je lui répondis : rien. « Comment rien, ajou- » ta-t-il, mais chacun de vos procès-verbaux vaut » deux cents francs!» Cet administrateur du collége estimait à plus de 2,400 fr. par an la partie la moins pénible du travail du secrétaire, car il y a douze séances ordinaires, sans compter les extraordinaires, dans le courant d'une année. Ce qui, multiplié par les seize années qui viennent de passer, donnerait la somme, assez ronde, de quarante-mille-quatre-cents francs. Il y a, sans doute, bon nombre d'emplois publics qui sont avantageusement retribués et qui ne nécessitent pas autant d'occupations variées, ni de longues veilles comme les fonctions de secrétaire du Comité supérieur.

« Le choix du sécrétaire est d'une grande im- » portance, dit M. Guizot dans sa circulaire aux » recteurs, pour le succès de la mission confiée aux » comités. C'est au secrétaire qu'il appartient de » rédiger les déliberations et de les consigner sur le » registre aussitôt qu'elles auront été prises. Il doit » aussi s'occuper de la correspondance à entretenir » habituellement avec les autorités administratives, » avec le recteur, avec les inspecteurs, avec les comi-

» tés locaux de toutes les communes comprises dans » la circonscription du comité supérieur, avec les » instituteurs et avec moi-même. Il importe que ces » fonctions soient partout confiées à un homme actif, » connu pour son zèle pour l'instruction primaire, » et à qui sa position sociale permette de consacrer » du temps à de tels travaux. Veuillez bien leur » faire remarquer l'importance de ce choix ; les » succès du comité et son influence sur les écoles » primaires de sa circonscription en dépendront » peut être essentiellement. » (Circulaire du ministre du 9 décembre 1833.)

C'est ce long et important service gratuit que, sur la proposition de l'honorable et très-digne chef de l'Université, M. le comte de Salvandy, S. M. a recompensé par la croix de la légion d'honneur.

Mais on s'est demandé si c'est moi-même qui ai fait valoir mes services auprès de M. le ministre de l'instruction publique, ou bien si j'ai été présenté par notre dernier recteur. Je ne pourrais mieux répondre à cette étrange question, et aux propos absurdes qui ont été tenus par quelques envieux qu'en transcrivant la lettre que M. Huart m'a fait l'honneur de m'écrire le 19 du mois d'août dernier.

« Limoges, le 19 août 1846.

» Je ne reçois qu'à l'instant même, mon cher » monsieur, la lettre que vous m'avez écrite à la » date du 2 août. Voici les causes de ce retard. Vo-

» tre lettre est arrivée à Limoges au moment où » j'étais à Besançon pour les élections : elle a été » retournée dans cette dernière ville d'où elle n'est » revenue que ce matin. Je regrette beaucoup que » cette mauvaise direction donnée à votre lettre ne » m'ait pas permis d'y répondre plutôt. Je m'em- » presse donc de vous donner les renseignemens » que vous me demandez à l'occasion de la croix de » la légion d'honneur qui vous a été donnée cette » année à l'occasion de la fête du Roi. — L'année » dernière à la fin d'août, j'ai adressé à M. le mi- » nistre de l'instruction publique un rapport sur » les services que vous avez rendus en Corse en » votre qualité de secrétaire du comité supérieur » de Bastia. Ce rapport se composait en grande » partie des extraits des lettres pleines de louanges » et de félicitations qui, à plusieurs reprises, vous » avaient été adressée par mon honorable prédé- » cesseur M. Dufilhol.

» Vous savez, mon cher monsieur, qu'en adres- » sant ce rapport j'ai eu soin de faire remarquer à » M. le ministre que ce n'était point à titre de fon- » ctionnaire au collége de Bastia, mais seulement » à titre de secrétaire du comité qu'une distinction » honorifique était demandée pour vous.

» En trasmettant à M. le ministre de l'instruction » publique les témoignages écrits de satisfaction que » vous avait donnés M. Dufilhol et auxquels je n'ai

» pas hésité d'ajouter les miens j'ai cru, en appe-
» lant ainsi l'attention sur le secrétaire du comité,
» honorer l'instruction primaire en Corse et lui
» rendre de nouveaux services. Je le crois encore
» et je suis loin de désavouer la part qui me revient
» dans cette affaire.

» Mon rapport arriva à Paris après que les listes
» de promotion eurent été arrêtées. M. le ministre
» voulut bien, en m'accusant réception de cette
» pièce, ajouter qu'il se la ferait représenter en
» temps favorable. J'ai eu l'honneur de vous faire
» connaître à cette époque la réponse de M. le mi-
» nistre. » (Elle porte que M. le ministre se ferait représenter cette pièce dès qu'il s'occuperait d'un travail général pour recompenser les membres de l'Université. En effet depuis le mois d'août 1845, le premier travail général de ce genre est celui du mois de mai suivant.)

« Tels sont, dit en terminant la même dépêche,
» les renseignemens exacts que je m'empresse de
» vous donner, en vous autorisant à faire de cette
» lettre l'usage qui vous paraîtra convenable.

» Recevez, monsieur, la nouvelle assurance de
» ma considération distinguée. — *Le recteur de*
» *l'académie*, signé : C. Huart. »

Pendant que notre ancien recteur m'écrivait ce que vous venez de lire, mon cher confrère, le comité supérieur de Bastia, auquel j'avais porté mes plaintes, formulait l'attestation suivante, qui a été écrite de la main de M. le curé Lusinchi sur le registre des délibérations et dont une expédition authentique m'a été délivrée après que tous les membres l'ont lue, approuvée et signée, elle est ainsi conçue :

« Le comité supérieur déclare que la décoration » que M. de Figarelli a obtenue est méritée par des » travaux dont personne ne peut mettre en doute » la gravité, la durée et l'importance; — Que les » bruits répandus n'ont jamais eu de fondement et » ont été détruits par des documens positifs et irré» vocables; — Que la considération de M. de Figa» relli n'en a pas souffert et que chacun rend justi» ce à son zèle, à son activité et à sa probité.

» En conséquence le comité engage M. de Figa» relli à ne plus se préoccuper de ces bruits, et le » prie de continuer à prêter à l'instruction primai» re du ressort, comme par le passé, son utile » concours.

» Le comité délègue M. le curé Lusinchi, mem» bre présent, pour voloir bien rédiger cette partie » du procès-verbal. — Signé au registre : Morati, » président; Lusinchi, curé-doyen ; H. Figarelli, » membre du conseil d'arrondissement; Fabrizi, dé» légué du même conseil; F. Lessemond, directeur » des écoles communales.

» Pour extrait conforme. — Le membre du co-

» mité supérieur de Bastia, chargé en cette partie » des fonctions de secrétaire. — Signé : Lusinchi, » curé. »

M. Lazarotti, maire de cette ville et vice-président du comité supérieur, n'ayant pas assisté à cette séance, a bien voulu exprimer à peu-près les mêmes sentimens dans une lettre qu'il m'a fait l'honneur de m'écrire le 29 du mois précité.

Dans mon ardent désir de prendre la vérité à sa source j'avais supplié, par lettre du 7 août, M. le ministre de faire connaître sur quelles pièces il avait daigné s'occuper de moi. Ne recevant aucune réponse, ni directement ni par l'académie, je fis prendre quelques renseignemens sur les lieux, et voici ce qu'une personne très-grave m'a écrit le 12 septembre : « D'après votre lettre du 4 du courant, » j'ai pris de nouveaux renseignemens au ministère » de l'instruction publique au sujet de votre affai- » re. Vous devez être satisfait, M......, est consi- » déré comme ayant joué un mauvais rôle. Vous » avez eu tort de demander par écrit au ministre » qu'il daignât vous expliquer d'après quelles piè- » ces il vous a proposé au Roi pour la décoration » de la légion d'honneur. Les ministres ne veulent » être interpellés dans leurs opérations. Ils agissent » librement tant pour les nominations que pour les » récompenses. Ils ne sont responsables qu'au Roi » et n'ont à répondre qu'aux demandes et aux in-

» vestigations des deux chambres législatives. M. le » ministre n'a vu qu'un honteux tripotage dans les » rapports calomnieux et les poursuites mal fondées » qui ont été dirigées contre vous. » (Lettre du général baron J. de S-D. ancien ministre de France en Grèce.)

Lorsque l'individu nommé dans cette dépêche a reconnu, de ses yeux, que je n'avais rien demandé moi-même, rien transmis à Paris, que la présentation avait eu lieu de la manière la plus régulière et la plus légale, il s'est empressé de m'écrire, le 28 août, que *si quelques personnes prétendaient que la dénonciation venait de lui*, *elles le calomniaient puis qu'il n'en avait pas même parlé à ses chefs*. — Dans l'intérêt de l'humanité j'aime à le croire, j'aime à me faire cette illusion. Il est trop dur de penser que celui, que j'ai comblé d'attentions et de bienfaits, celui qui, à raison des services *sacrés* que je lui ai rendus, m'appelait *son ami bien bon*, ait voulu me recompenser par l'ingratitude...... que dis-je, par la calomnie la plus atroce! et vérifier encore une fois cette désolante pensée de Métastase :

« . . . . *L'odio che ammiri*,
» *È de'gran benefizi*
» *La mercè più frequente. Odia l'ingrato*
» *(E assai ve n'ha) del benefizio il peso*
» *Nel suo benefattor.* »

Veuillez m'excuser, mon cher Bâtonnier, de vous

avoir distrait si longuement de vos occupations. J'ai compté un peu sur les vacances pour recevoir un accueil favorable et pour vous renouveler avec mes sentimens d'estime, l'assurance de mon entier dévouement.

Bastia, le 21 septembre 1846.

Votre affectionné ami et confrère,
D. L. DE FIGARELLI.

www.ingramcontent.com/pod-product-compliance
Lightning Source LLC
LaVergne TN
LVHW052032160826
845678LV00003B/1296

* 9 7 8 2 3 2 9 6 4 2 0 6 2 *